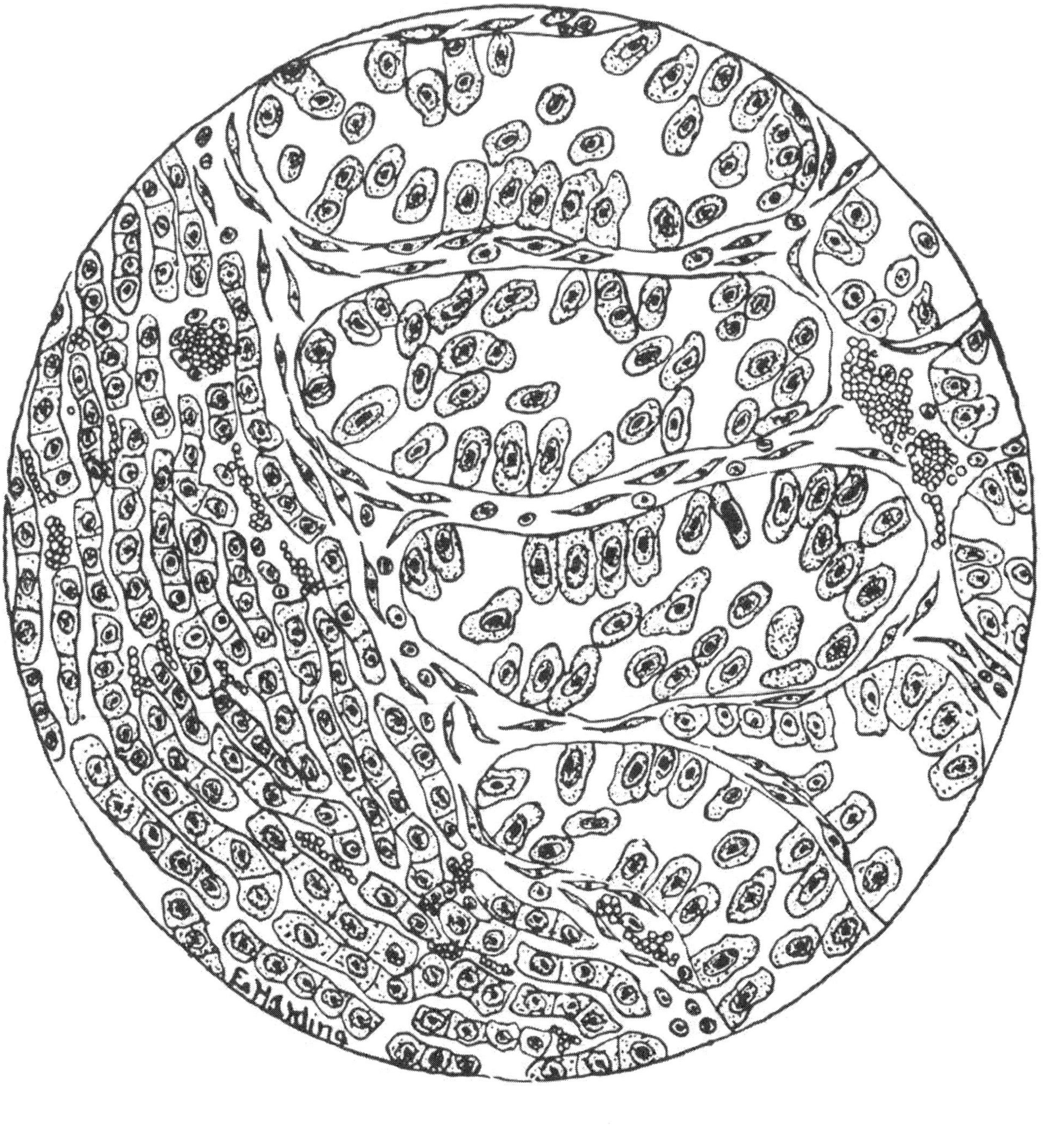
E. Harding

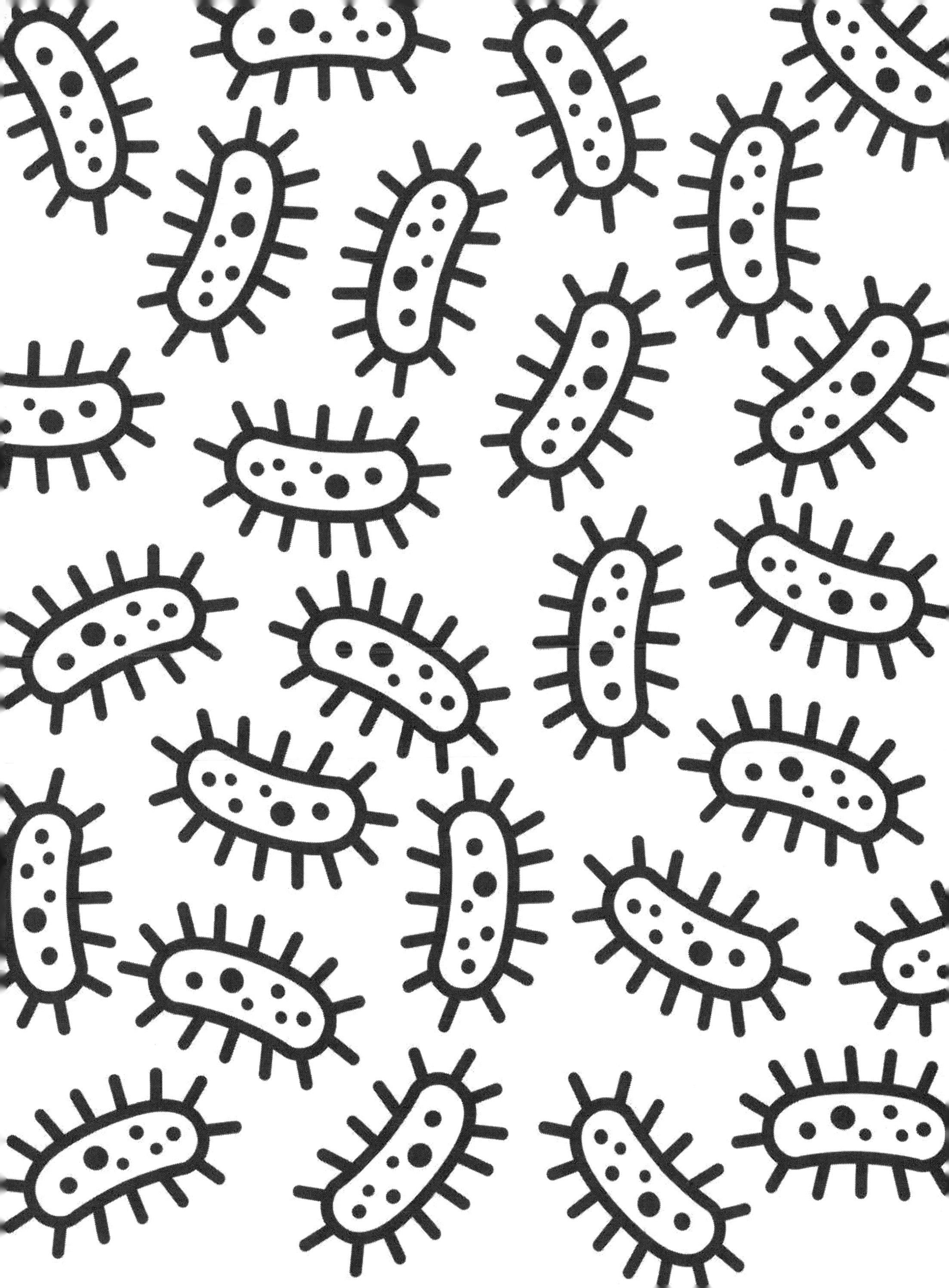

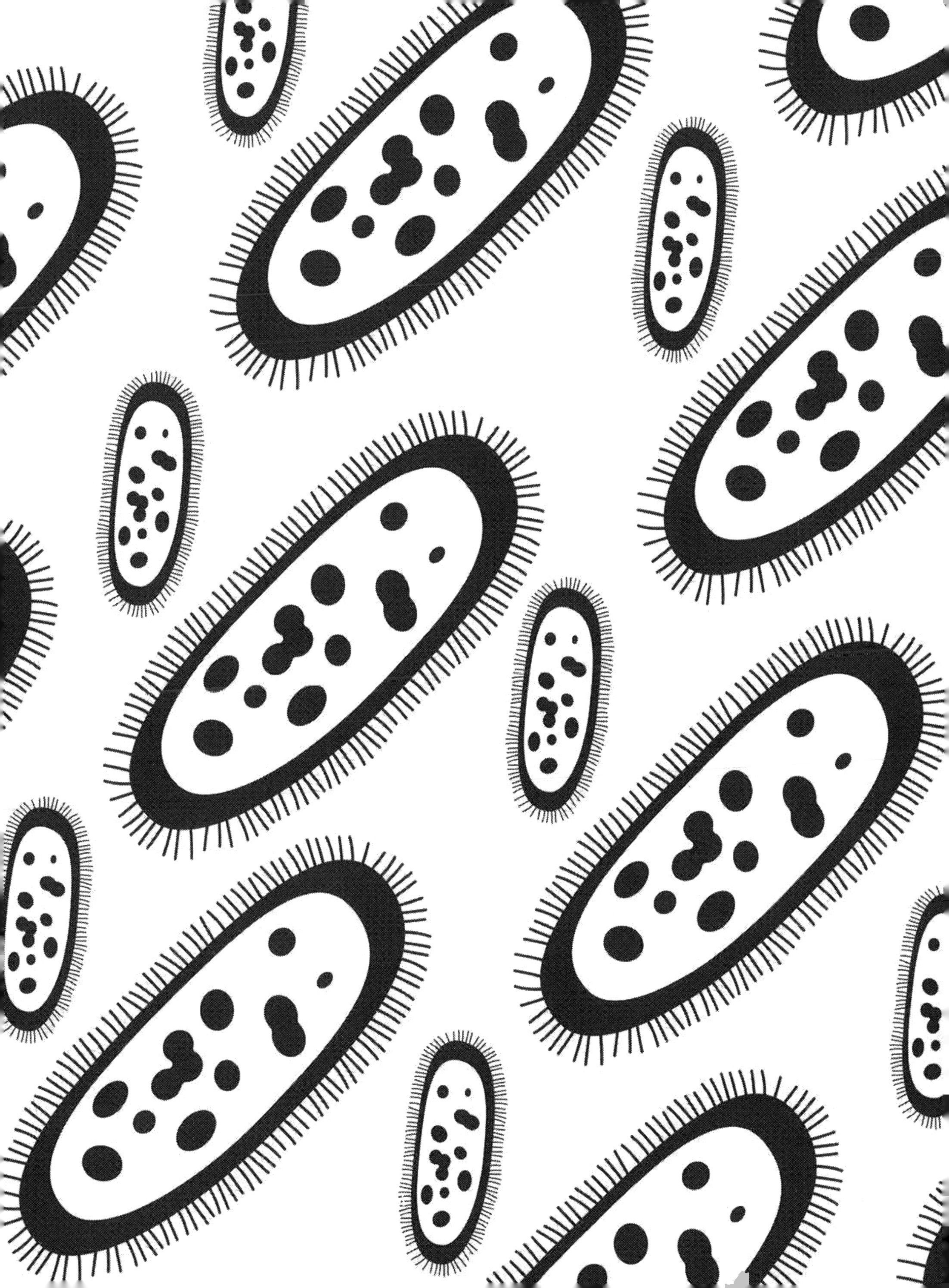

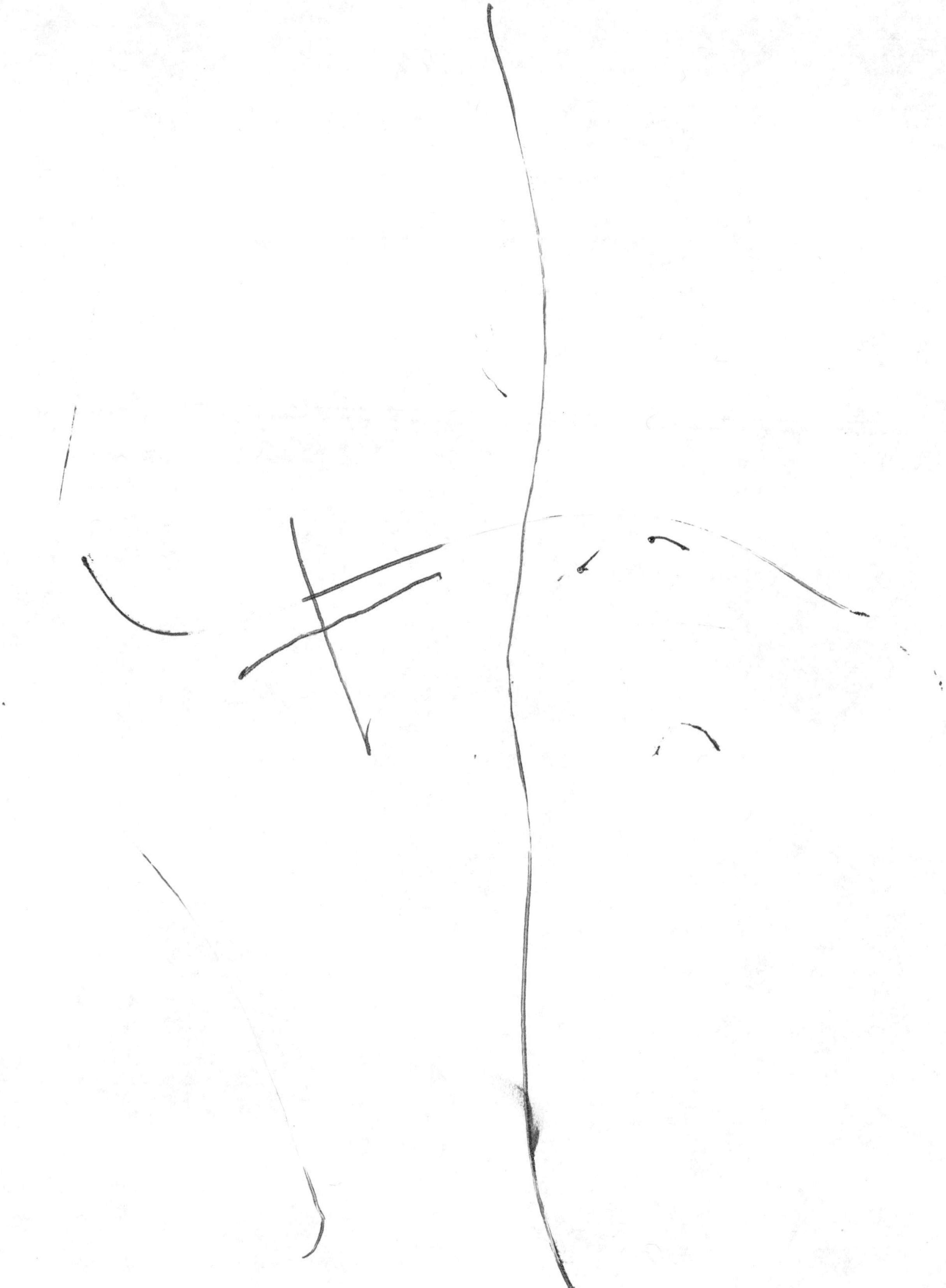

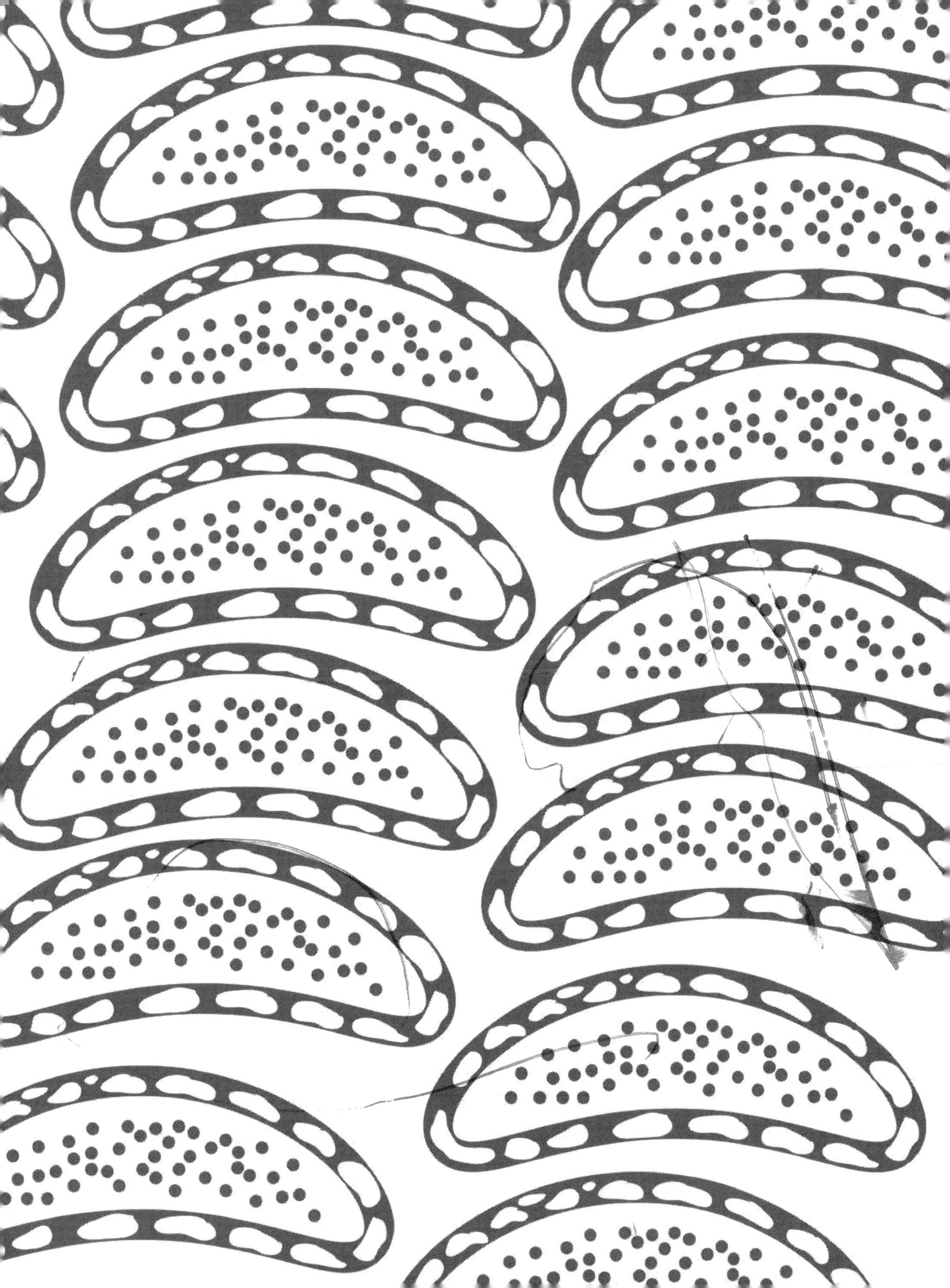

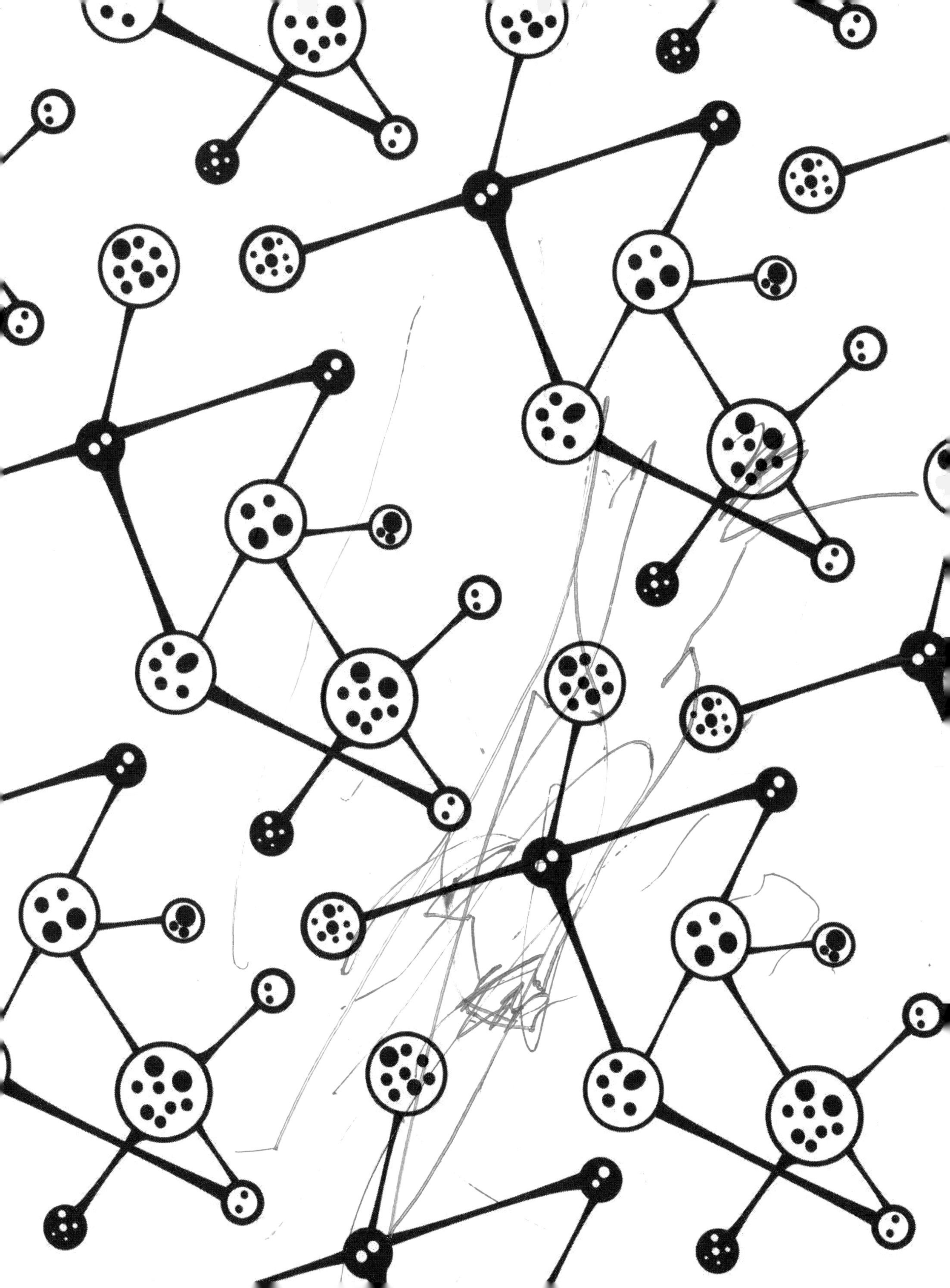

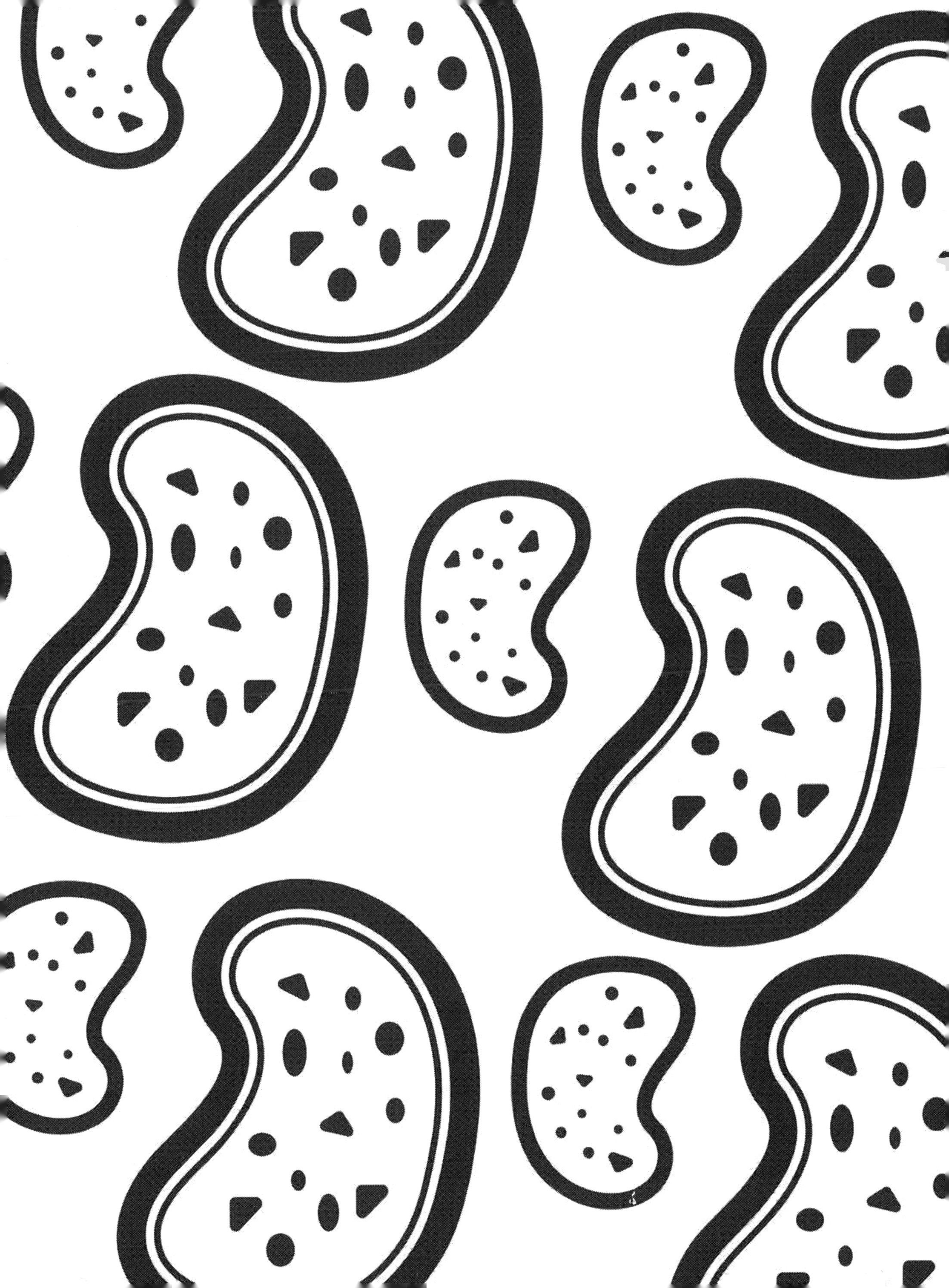

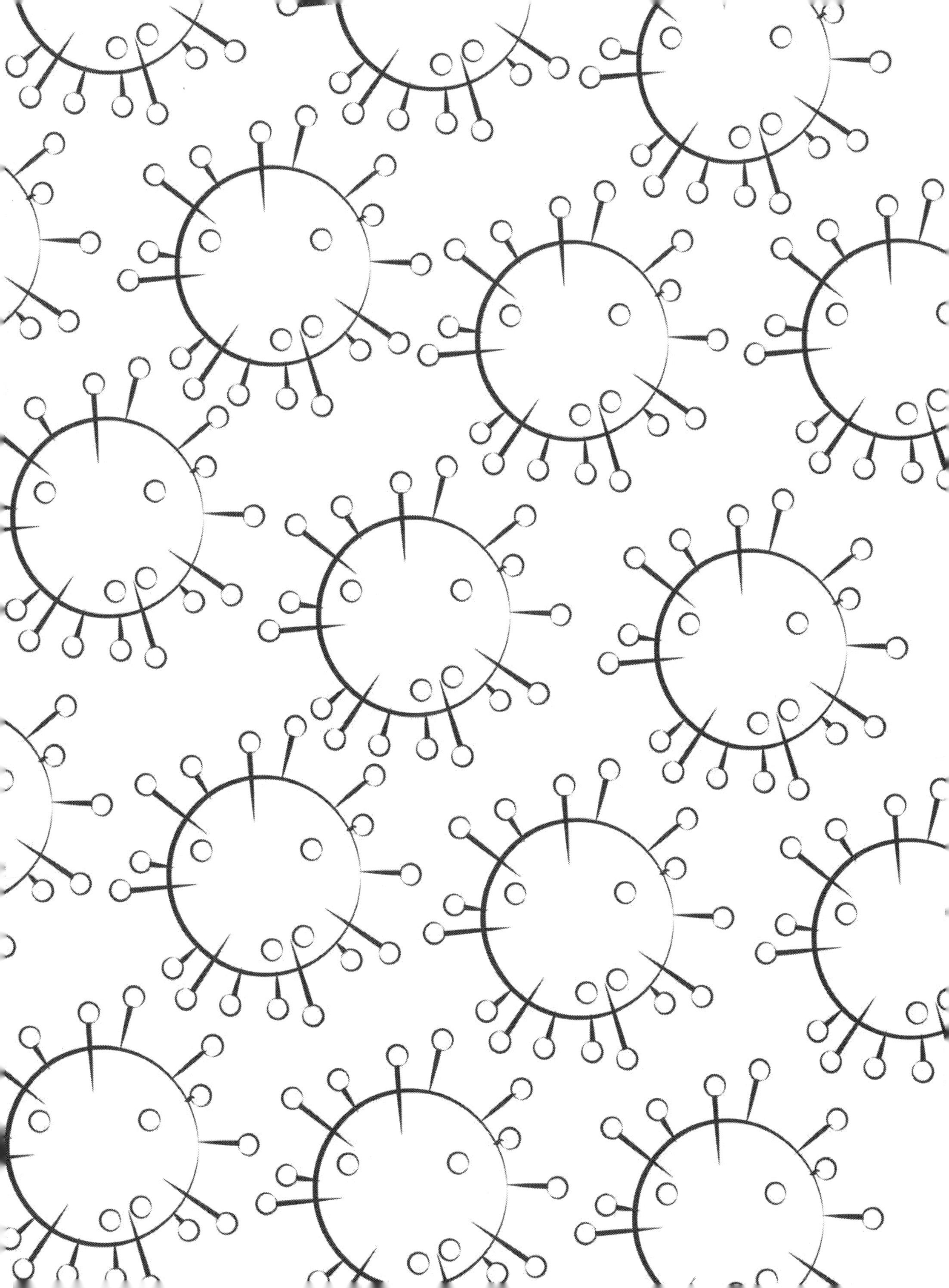

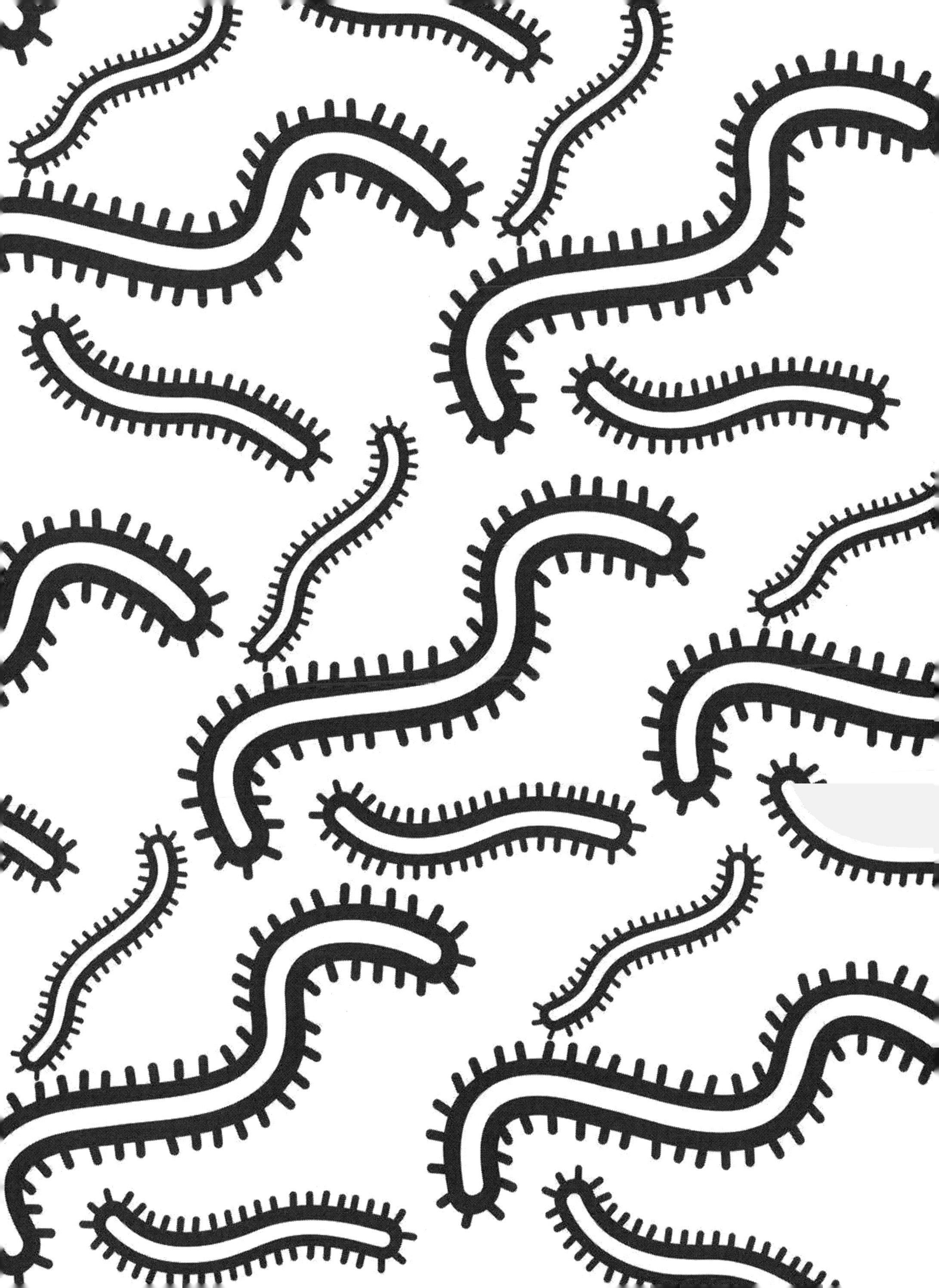

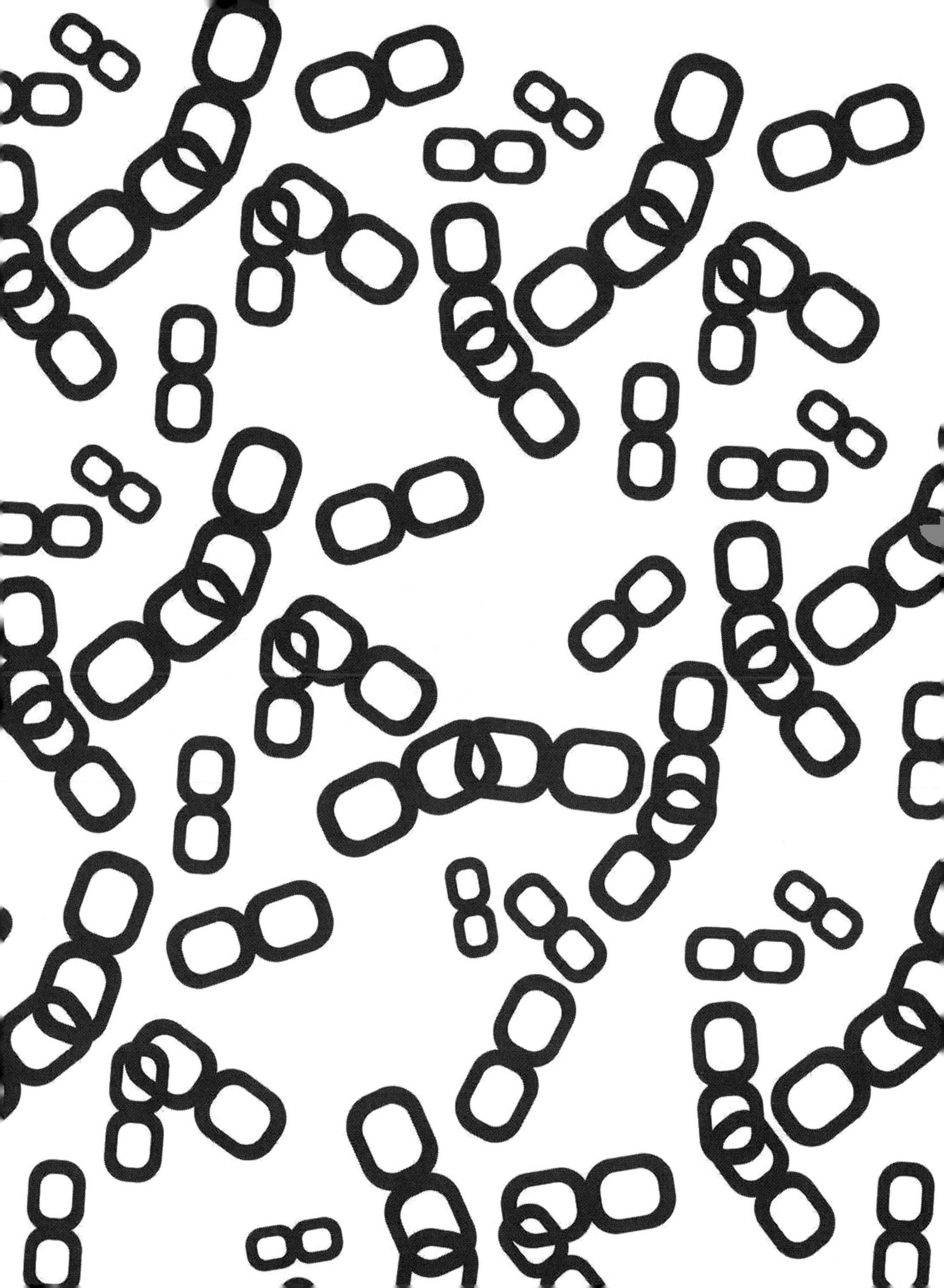

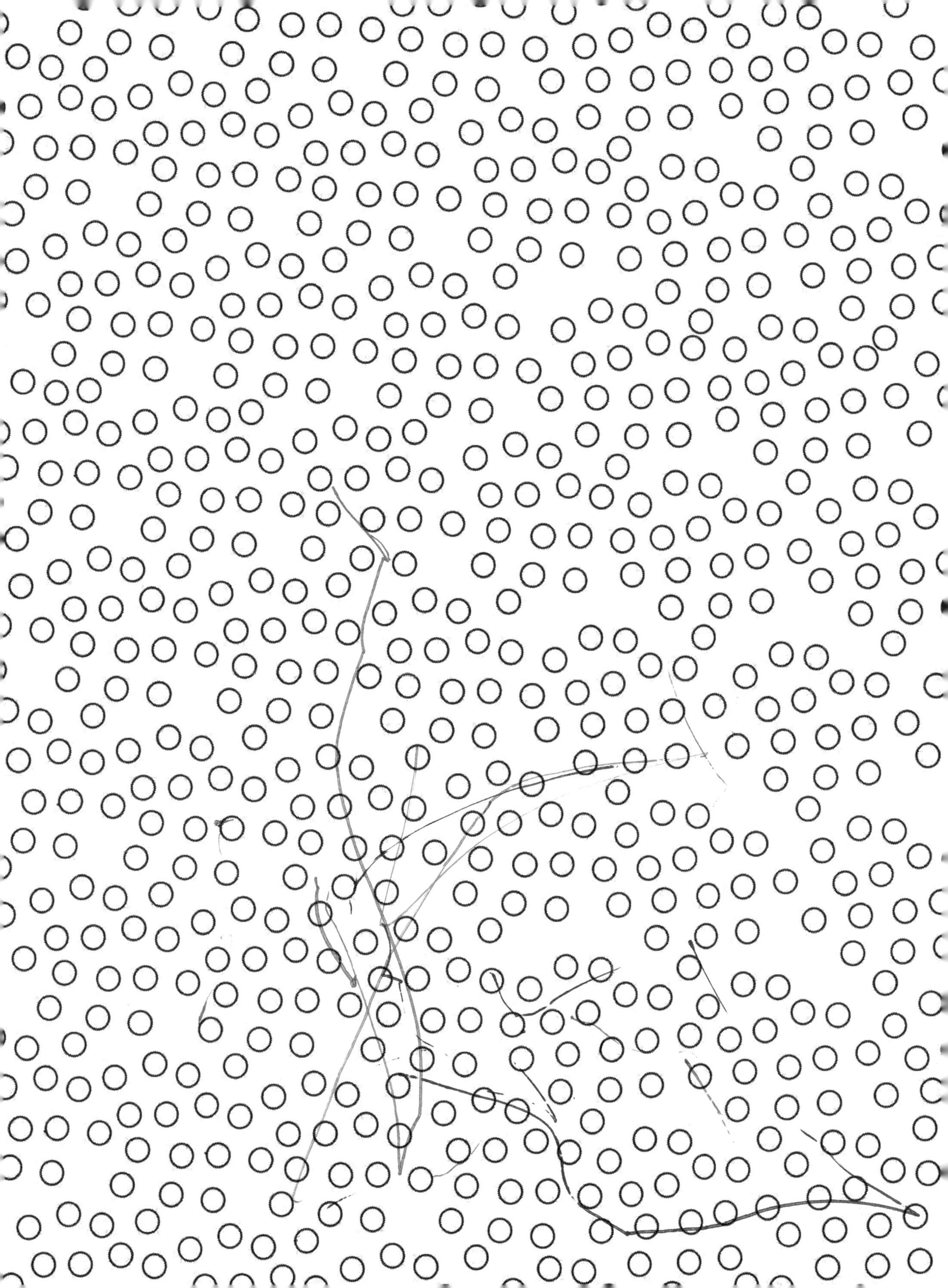

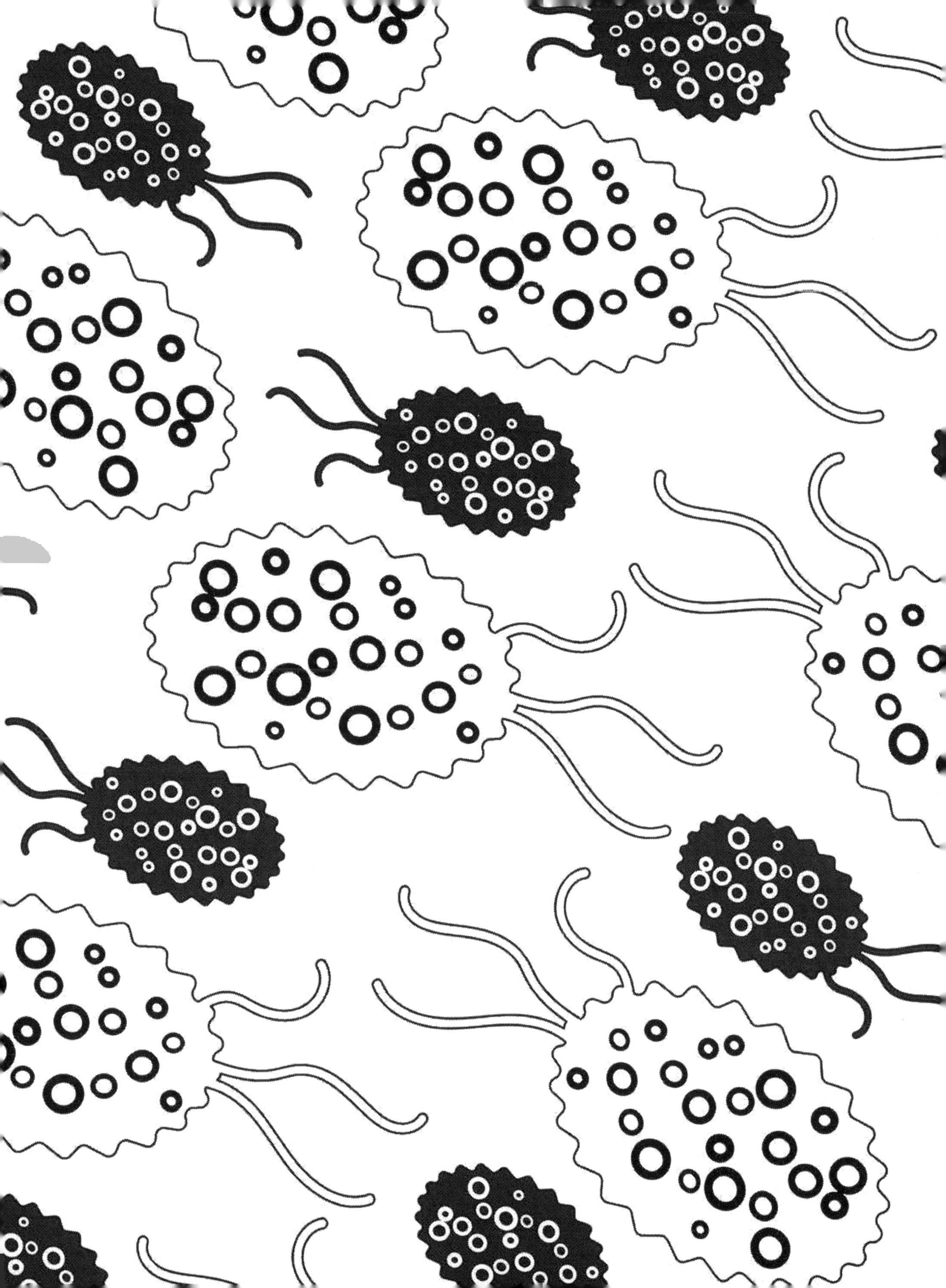

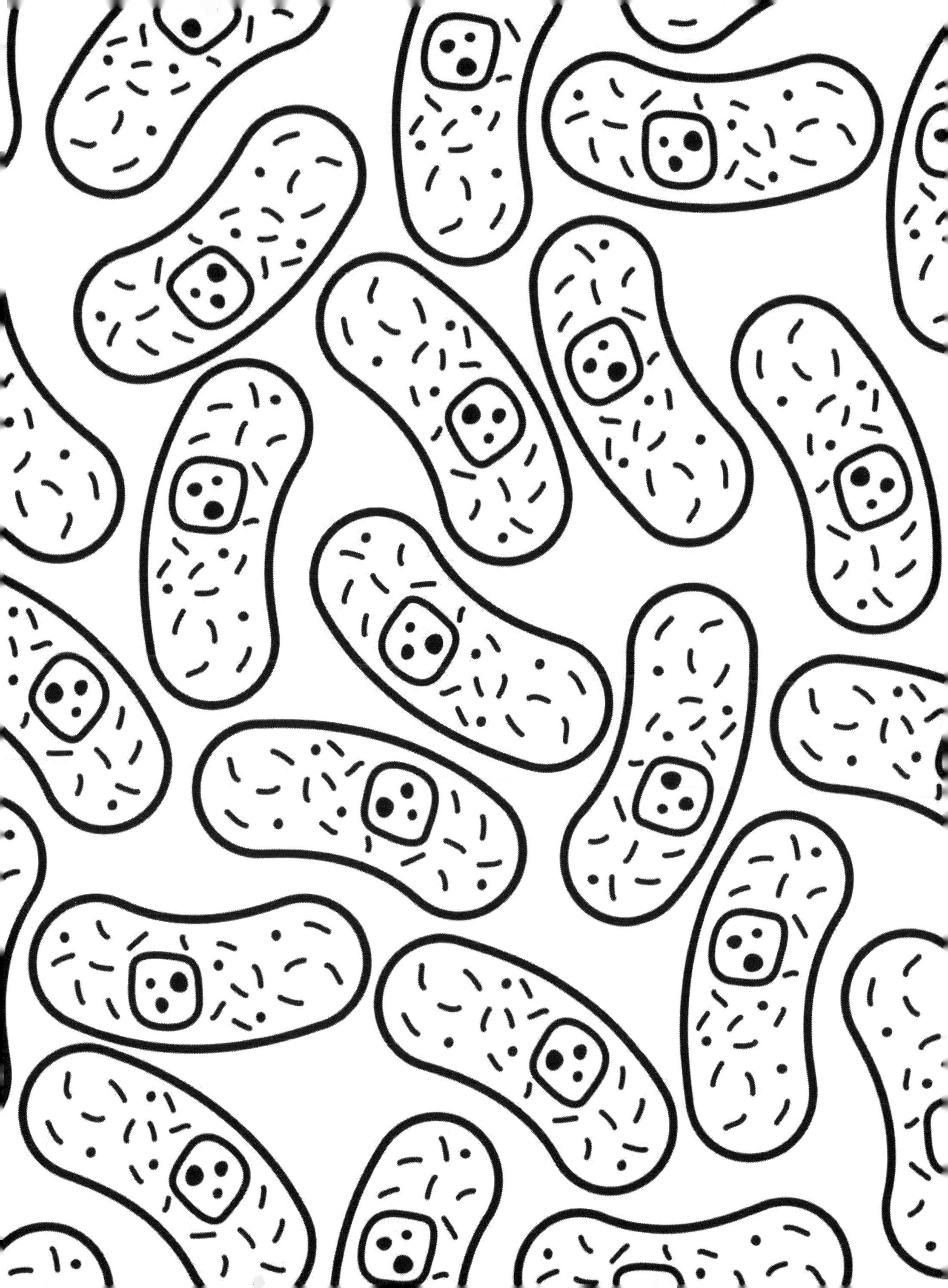

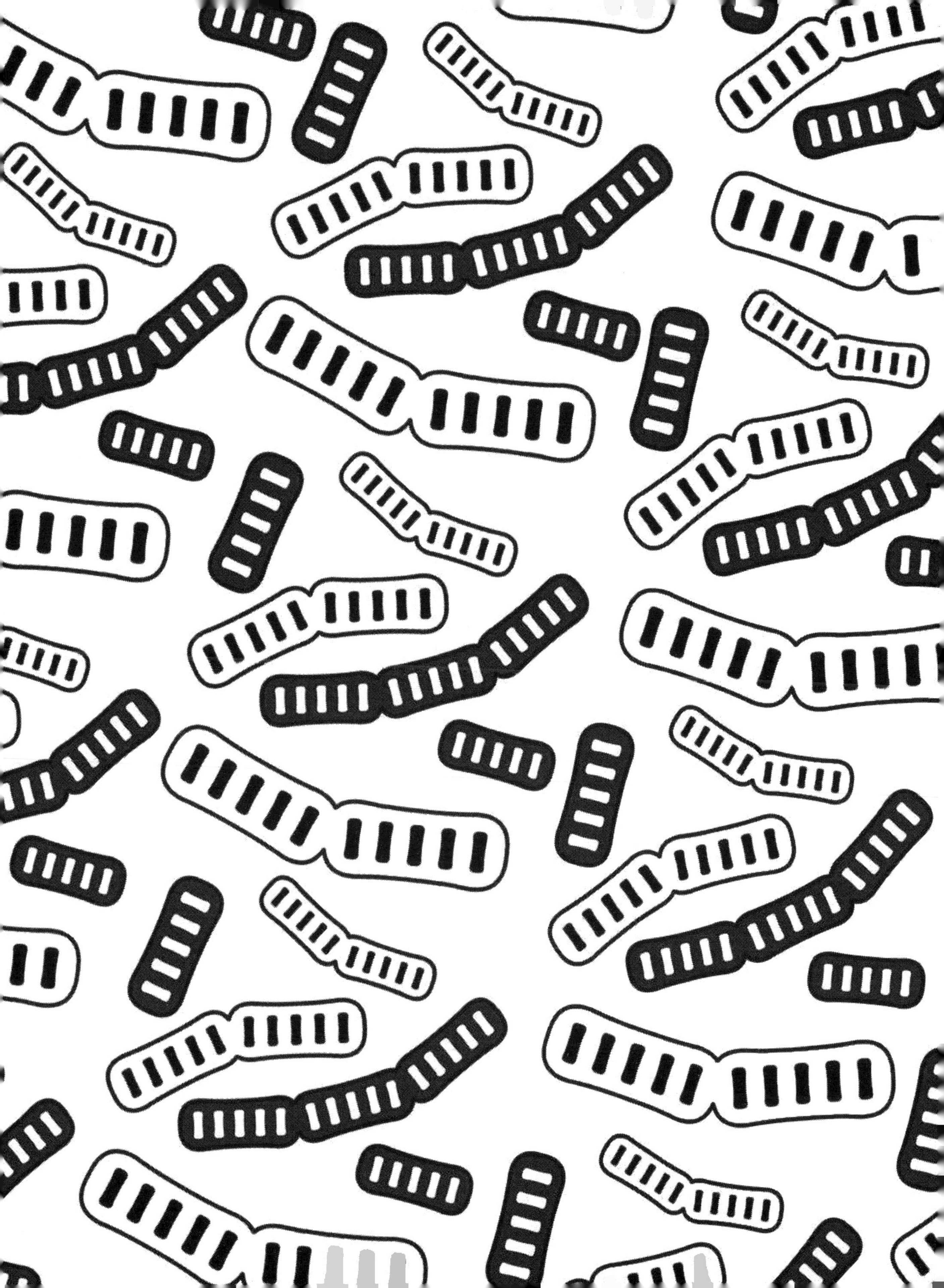

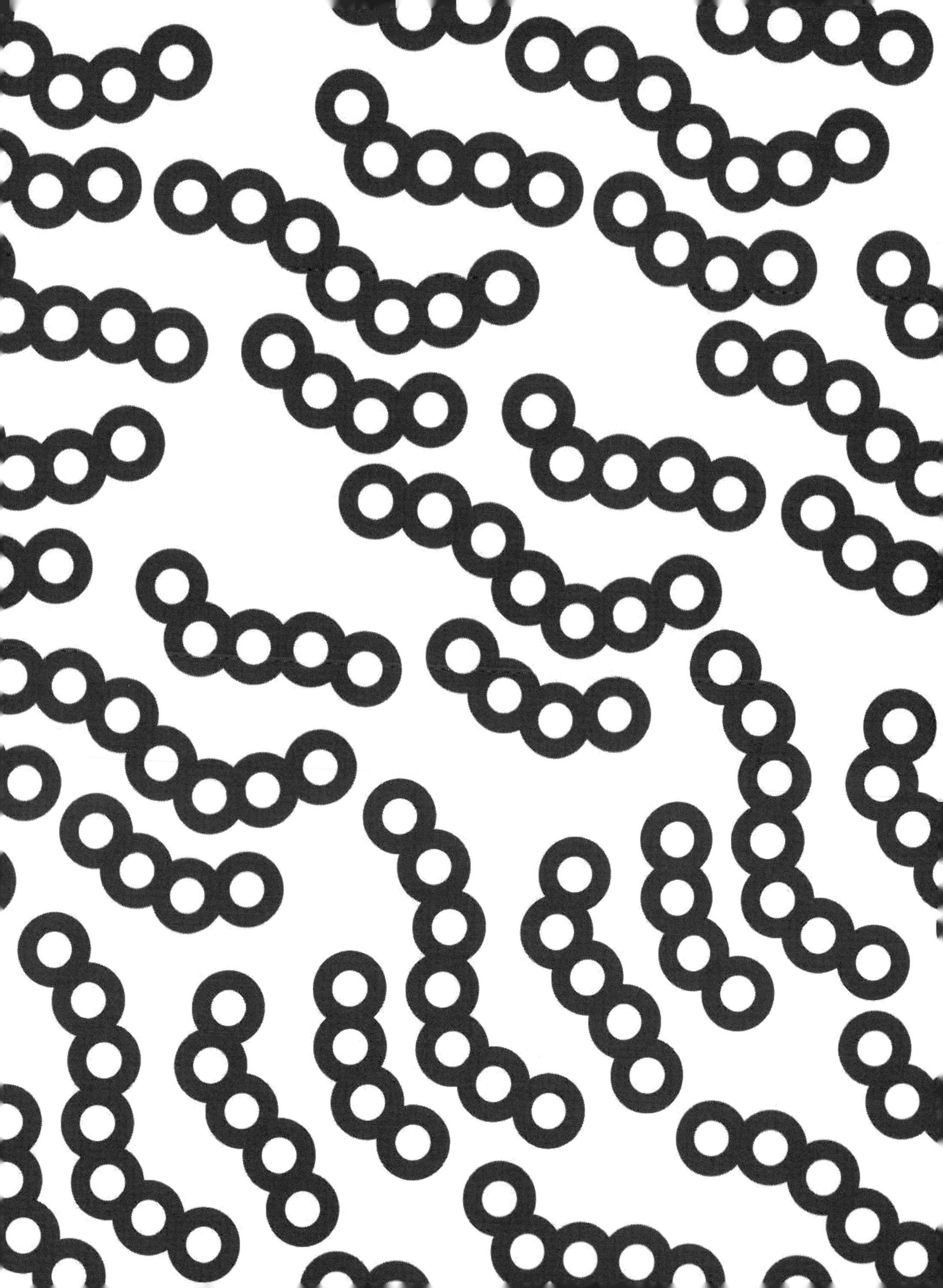

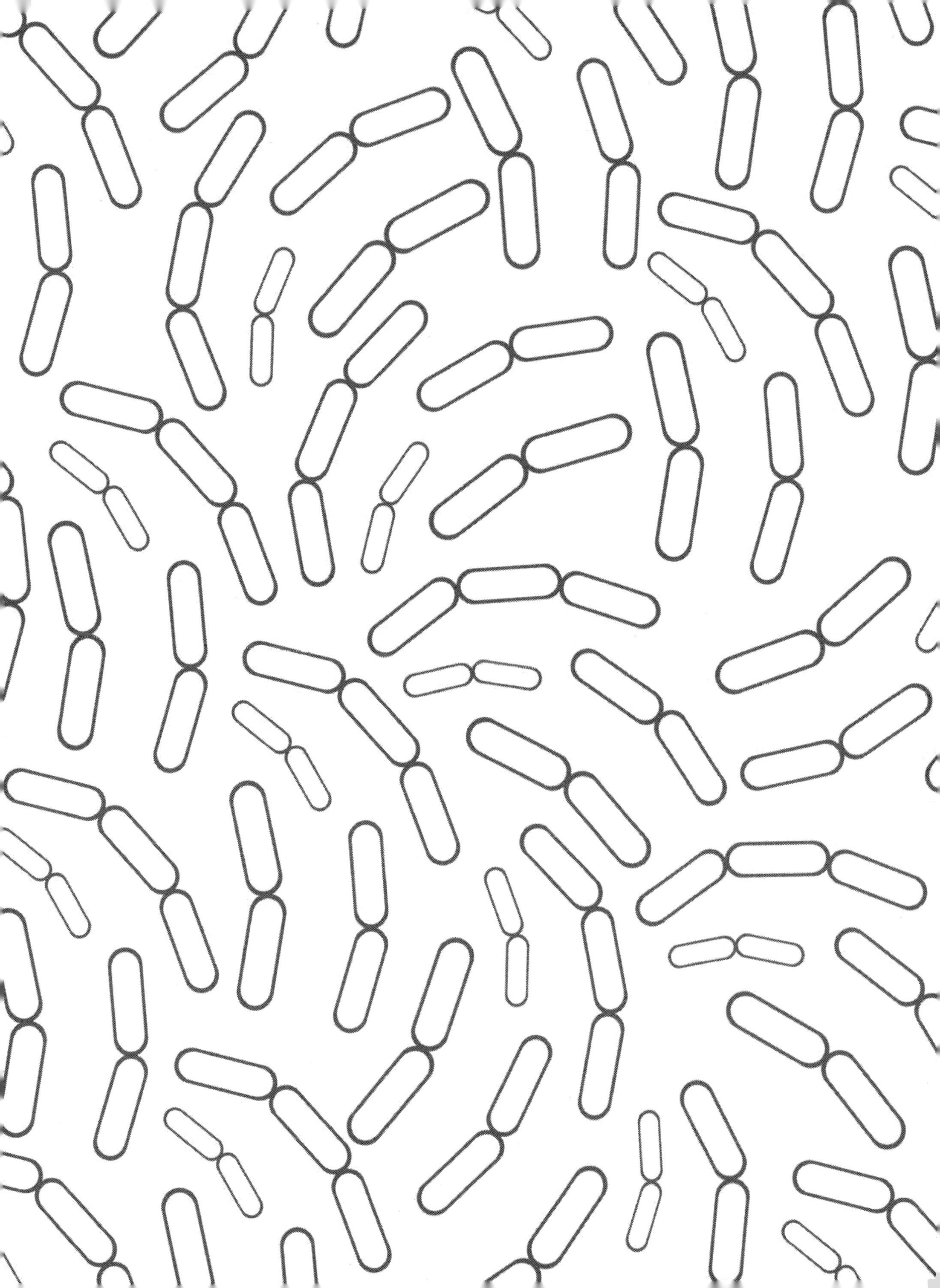

65582266R00055

Made in the USA
San Bernardino, CA
03 January 2018